AF267804

RÉPONSE

AU MINISTÈRE

SUR SON APOLOGIE,

FAITE PAR LUI-MÊME, A L'OCCASION DE L'ADRESSE, A LA CHAMBRE DES DÉPUTÉS.

> « Ici les croix sont abattues comme carlistes, là on les
> tolère comme chrétiennes ; ici l'arbre de la liberté
> s'élève comme libéral, là il tombe comme anar-
> chiste : ici la cocarde aux trois couleurs est pro-
> tectrice du citoyen qui la porte, là des bandes
> d'assommeurs se ruent sur le téméraire qui ose
> l'arborer.
>
> PAGÈS, Député, *discours du 11 août.*

Nous sommes dans le tems des oscillations politiques.
Un jour ces variétés de tous les instans, ces espérances,
que le lendemain voit s'évanouir, caractériseront l'époque
où nous vivons ; et ce ne sera pas un mince sujet de mé-
ditations pour l'historien-philosophe, dont la tâche sera
de faire entrer dans le cadre étroit d'une année et la
grande révolution de 1830, et ses conséquences si mi-
nimes, si chétives. Il viendra alors à l'esprit du lecteur
une douloureuse pensée : il songera à la fable de la mon-
tagne en travail, en considérant notre révolution, don-
nant naissance à une quasi-restauration.

Les évènemens marchent vite ; suivons-les. En moins
de quinze jours un grand scandale causé au sein de la

Chambre des Députés par une épithète adressée à l'homme le plus vertueux, a excité l'indignation des honnêtes gens de tous les partis ; il a été nommé un Président pris dans le juste-milieu ; la nouvelle d'une prétendue victoire des polonais a été répandue ; des patriotes, des hommes généreux ont été assaillis dans le jardin du Palais-Royal, et plusieurs d'entr'eux maltraités et emprisonnés, pour avoir crié : *vive la Pologne!* Le discours du Roi a paru, annonçant que la meilleure intelligence régnait entre les nations ; le Ministère a fait connaître sa détermination de se retirer ; une guerre qu'on a crue générale, et qui doit se borner, dit-on, à une simple démonstration, a éclaté. Le Ministère reste : double motif, qui a changé la joie vive et soudaine en indifférence, en tristesse.

Tout cela, en moins de quinze jours!

Le Ministère reste donc. Il reste, dit-il, pour encourir plus directement, s'il est possible, sa part de responsabilité. Grand merci de l'avantage que nous en retirons : c'est un peu cher. Je crois que la France, qui a vu acquitter, pour ainsi dire, les ministres de Charles X, est bien fixée sur le degré de satisfaction qu'elle obtiendrait de ministres coupables, tant qu'une loi de responsabilité n'aura pas été rendue, et nous l'attendrons encore longtems.

Enfin le Ministère reste. Il vient de faire l'apologie de son système politique, et d'exposer sa doctrine, résumée par ces deux mots : *la Charte et la paix.*

Au moment ou j'écris ces lignes l'adresse n'est pas encore votée. J'ignore par conséquent, *si nos hommes d'État* ont, par leur profession de foi politique, rallié un grand nombre de Députés sous leur bannière, si toutefois on peut appeler bannière la versatilité et l'irrésolution ; mais je sais que dans le public l'éloquence du Président du Conseil a trouvé peu de sympathie.

Le premier point de son discours, traitant de la politique intérieure, a pour base ces mots de l'illustre général

Foy : *la Charte, toute la Charte, rien que la Charte*, dans les-
quels il trouve son symbole politique. Arrivant à l'appli-
cation de ce symbole à ses actes, le Ministre se flatte de
ne pas s'en être écarté, et, par conséquent, de n'avoir
rien fait de contraire à la Charte.

C'est se flatter à bon marché que de se faire du respect
pour la Charte un titre de gloire : Un pays ne tient pas
compte à des ministres des crimes qu'ils ne commettent
pas. Et d'ailleurs, il est bien rare de voir le pacte fonda-
mental violé. Mais il est d'autres abus qu'un Ministère
peut se permettre dans l'exercice du pouvoir qui lui est
confié, et qui n'emportent pas violation manifeste de
la constitution. Je veux parler de la direction imprimée
aux affaires, direction morale, arbitraire, qui peut faire
aller les choses contre leur but naturel et avoué, sans
constituer pourtant le délit palpable du renversement des
lois. Eh bien, que le Ministère se vante d'avoir, sous ce
rapport, agi dans l'esprit de la révolution de juillet; et la
France lui donnera un éclatant démenti.

« La révolution de 1830 est venue, dit-il, non recom-
» mencer, mais *terminer* notre première révolution ; elle
» n'est pas un signal donné à la France et au monde
» pour les appeler à d'aventureuses expériences, et à d'in-
» terminables combats. »

Sans doute, elle est venue terminer notre première
révolution.

Mais la monarchie du droit divin, qui a pesé pendant
seize ans sur la France, n'a-t-elle pas empiété sur
cette même révolution ? Ne nous en a-t-elle pas ravi
toutes les gloires, toutes les conquêtes ? Comparez ce
qu'est la France d'aujourd'hui, avec l'étendue que les
conséquences de la première révolution lui avaient donnée.
Voyez ces honteux traités de 1815; et si ces pages flétris-
santes, qu'il nous a fallu subir, ne vous oppressent pas,
tant pis pour vous. Quant à nous, c'est avec des regrets
amers que nous voyons nos frontières dans la possession

de nos ennemis. Or si vous admettez que la restauration a empiété sur notre ancienne révolution, il faut que vous conveniez que nous avons des conquêtes à faire, puisque la *dernière révolution est venue terminer la première*, c'est-à-dire, la compléter, lui rendre son intégrité. Mais que dis-je! il faudrait combattre, et votre système, c'est la paix.

Si la révolution de juillet *n'est pas un signal donné aux peuples qui veulent conquérir leur liberté*, c'est un grand malheur pour les peuples qui ont eu confiance à une démonstration qui avait à leurs yeux ce caractère; mais la déception dont ils sont victimes retombera sur l'égoïsme qui à fait taire tant de générosité.

La Charte, selon le ministère, est *le seul programme du gouvernement*. Il est un autre programme, dont la France ne perdra pas le souvenir. Vous le lui rappelleriez au besoin, vertueux Lafayette, et vous, son digne émule en patriotisme, vous, Odilon-Barrot!

Le ministère nous croit sans-doute bien oublieux, lorsqu'il parle de la *loyauté* avec laquelle se sont faites les dernières élections; mais l'existence des dépêches télégraphiques tant niée par lui est un fait avéré.

Il est vraiment curieux de voir comment le ministère caractérise les deux partis, qu'il signale comme également ennemis du gouvernement. D'abord, il tait le nom du premier, tant il a de déférence pour lui, et ce n'est qu'après quelques lignes qu'on s'aperçoit qu'il parle des Carlistes ou des Légitimistes, comme on voudra. Le passage du discours ministériel est trop intéressant pour être analysé. Je cite :

« Il en est un (un parti) qui, *sans attaquer les lois à* » *force ouverte*, n'a rien fait jusqu'à présent pour dissiper » les défiances qu'il inspire. En se tenant en dehors du » mouvement actuel de la société, il inquiète les masses » par une sorte *d'inertie mystérieuse* qui laisse percer des » espérances *sincères ou simulées*;

» En vain la générosité de nos institutions, l'équité de
» l'administration traitent tous les Français en citoyens,
» les partisans *de ce qui n'est plus* en repoussent les devoirs
» comme le titre. Le gouvernement actuel ne leur ac-
» cordera que la plus stricte justice, tant qu'ils n'auront
» point par leurs actes désarmé ses légitimes *soupçons*.

» Ils ont *tâché d'exploiter* les troubles de l'Ouest. Ces
» troubles n'ont eu d'abord pour origine que la déser-
» tion ; *ils pourraient devenir politiques*, si de sages précau-
» tions n'avaient été prises. Un général expérimenté a
» mission de les appaiser : il usera tantôt avec énergie,
» tantôt avec douceur, des pouvoirs étendus, mais régu-
» liers, qui lui ont été confiés. Il a sous ses ordres plus de
» force qu'il n'en faut pour décourager la rebellion. Des
» embaucheurs sont arrêtés, une instruction se poursuit
» contre eux. »

Comme tout cela est doux et conciliant ! Si quelques
menaces se mêlent par fois à ces admonestations, on
voit qu'elles sont toutes paternelles. N'est-ce pas se mo-
quer du bon sens public, que de dire que le parti carliste
a *tâché d'exploiter* les trouble de l'Ouest ? Que sont les
fauteurs de ces troubles, sinon des Carlistes eux-mêmes ?
Voyez plutôt la couleur de leur drapeau, ou si cela ne
vous suffit pas, reconnaissez-les aux cruautés qu'ils commettent.

Le parti carliste a fait plus que *d'exploiter* les troubles
de l'Ouest, grâce à la mollesse du ministère, et à sa cou-
pable complaisance, il s'est organisé et a grandi dans
beaucoup de départemens du midi ; il a ses affidés dans
toutes les administrations ; il a ses chefs, ses correspon-
dances, ses armes, ses munitions, et il est prêt à se lever quand le moment sera venu. Cela se sait, se dit ; le
ministère seul fait semblant de n'y pas croire, parce qu'il
se verrait forcé d'agir, s'il paraissait convaincu. Toute
sa franchise va jusqu'à dire que ces troubles *pourraient*
devenir politiques. Eh ! que sont-ils donc dès à présent ?

Passant ensuite *aux autres ennemis du gouvernement*, le ministère dit : « Les uns s'arment contre lui des souvenirs » d'une époque glorieuse ; les autres s'adressent à ces » passions désorganisatrices qui fermentent toujours au » sein d'une grande société. C'est à ces partis surtout » que nous devons ces émeutes qui ont troublé quelques- » unes de nos villes, et notamment la capitale. En vain » voudrait-on les attribuer à la détresse du peuple ; *ceux* » *qui en souffrent le plus ont été les plus ardens à les réprimer ;* » *nous en avons acquis la certitude, les émeutes ont été toutes* » *politiques ;* l'esprit de faction en a presque toujours fait » les frais. »

Les émeutes *ont été toutes politiques ;* le ministère en a acquis *la certitude !* Ne voilà-t-il pas une assurance bien respectable, quand on la rapproche de la manière avec laquelle le Président du Conseil caractérise la révolte des Carlistes dans l'ouest, révolte qui, selon lui, *pourrait, par la suite,* devenir politique ! Ainsi, des bandits peuvent se pavaner insolemment dans toute une province avec le drapeau blanc et la cocarde proscrite, y livrer des combats contre les troupes, faire des recrutemens, lever des contributions, piller, assassiner au nom d'Henri V ; répandre partout l'espérance du retour de la famille déchue, et tous ces actes ne sont pas politiques ; mais *ils pourraient* seulement le devenir ; tandis que des rassemblemens d'ouvriers sans travail et sans pain sont politiques et hostiles au gouvernement ? Apparemment, parce que leur cocarde est tricolore. Peut-on voir plus lâche partialité ? Y a-t-il assez de stigmates pour flétrir une si odieuse méchanceté ? Quoi, vous avez trop de couardise pour faire respecter votre autorité méconnue et méprisée dans l'ouest, et vous réservez à des rassemblemens, composés en majeure partie de curieux, tous les efforts de votre courage ! Vous faites la grosse voix à Paris, et dans la Vendée vous sifflez comme le voyageur effrayé qui affecte l'assurance au milieu d'un bois plein

de voleurs. Allons, quand le premier moment d'indignation est passé, on n'éprouve plus pour vous qu'un senti-
ment : la pitié.

Il faut pourtant en finir avec ces calomnies répandues
et accréditées avec une perfide adresse contre plusieurs
classes estimables de citoyens, à qui le ministère ne peut
reprocher d'autre crime que de leur devoir la révolution
de juillet.

On a tant dit que les promenades des Patriotes et les
rassemblemens des curieux occasionaient la ruine du
commerce et le manque d'ouvrage, qu'on est parvenu à
persuader une foule d'individus, à qui l'on a fait prendre
l'effet pour la cause. Je vais tâcher de rétablir les idées,
qu'un calcul machiavélique a embrouillées. Fera qui
voudra son profit de mes réflexions.

Non, mille fois non, le commerce n'est pas abattu *parce
qu'il* y a des émeutes : c'est au contraire *parce que* le commerce est abattu que ces émeutes ont lieu ; et ce que je
dis ici du commerce, je le dis également du manque d'ouvrage. Si les travaux suffisaient pour occuper la classe la-
borieuse, les ouvriers se garderaient d'aller se faire asper-
ger au pied de la colonne, ou de se faire sabrer aux jours
plus belliqueux ; ils iraient à leur ouvrage, vu qu'il ne leur
est pas démontré qu'un coup de baïonnette vaille mieux
qu'un pain de quatre livres. Si donc ils stationnent,
c'est qu'ils n'ont pas d'ouvrage. Il vaudrait mieux, sans
doute, qu'ils restassent chez eux sans pain, plutôt que
d'aller recevoir des coups de crosse. Mais aussi, ceux qui
y vont ne se plaignent pas. C'est vous, hommes à capi-
taux, hommes de comptoir et négocians en général,
c'est vous qui vous plaignez d'un tort qu'ils ne vous font
pas, et qui n'a pas sa source dans les promenades de
quelques centaines d'ouvriers. Je vous dirai tout-à-l'heure
où est la cause de votre malaise. Votre malaise ! Pour
vous, c'est la différence du bien au mieux. Celui des
ouvriers, c'est la privation du stricte nécessaire. Cessez

donc d'être les dupes des billevésées de quelques infrigans
qui vous flattent à l'endroit sensible, parce qu'ils ont
besoin de vous pour soutenir leurs projets, et jugez
mieux des effets et des causes.

La première cause de la souffrance publique remonte
au règne de Charles *le Mitrailleur*. Dès avant la révolution de juillet, les affaires étaient en stagnation. Cependant, préoccupé de ses grands intérêts politiques, le
peuple souffrait, mais il attendait. Les ordonnances pa-
rurent ; alors, comme ce coup d'état frappait au cœur
la nation, il y eut éruption, et le volcan populaire fit
sauter dans sa lave brûlante le Roi et ses ordonnances.
De là, émigration des courtisans, bouderie des fidèles,
qui, par dévoûment à la légitimité, préférèrent habiter
leurs châteaux, plutôt que de dépenser leurs revenus à
Paris et soutenir le commerce. C'est une opposition tout
comme une autre.

La seconde cause de la gêne, dans l'ordre des faits,
et la première par son importance, est dans la politique
étrangère. C'est là qu'est la source de la misère publique.
Si le gouvernement avait été jaloux de conserver intact
l'honneur national, nous aurions déjà la guerre avec
l'Autriche, qui nous brave, en continuant à occuper
l'Italie. Ah certes, il n'eut pas fallu le quart des affronts
que nous avons essuyés depuis six mois pour déterminer
un ministère patriote à laver ces injures. Mais le nôtre !...
Il a laissé donner un roi Anglais à la Belgique toute
Française ; il laisse exterminer par les Russes ce que le
choléra-morbus épargne de Polonais, et l'infortunée Italie
n'est plus qu'un grand cachot ! ah quel compte notre
gouvernement n'aura-t-il pas à rendre à la France, si
des jours plus prospères doivent luire pour nous ! !

Le sang ne boût-il pas au cœur des hommes généreux,
en pensant à combien de maux nous sommes exposés
par cette froide politique, qui assiste l'arme au bras au
massacre de nos frères de la Pologne, à la captivité des

Italiens, et à qui le supplice de Menotti ne laisse que de stériles et peut-être hypocrites regrets!

Aussi, voyez l'Europe en armes! Elle nous étreint, nous presse, et avant trois mois peut-être la grande lutte sera engagée. Qui sait ce qui arrivera?... ce n'eût pas été un doute si le gouvernement n'avait entrepris la déplorable tâche d'anéantir la révolution, d'éteindre l'enthousiasme de juillet. Il n'y est que trop parvenu.

En présence de pareils faits que sont quelques promenades de patriotes, et d'ouvriers sans travail; pour quelle partie entrent-elles dans la somme de la gêne publique? Qui peut même oser mettre ces simples démonstrations en balance avec les grands événemens qui se sont succédés et ceux qui se préparent? Il n'y a que des fourbes qui puissent le faire, et des gens simples qui puissent se laisser ainsi duper.

Qu'on ne dise donc plus que les émeutes sont la cause de la stagnation du commerce; elles n'en sont que l'effet ou la constatation, et cet effet pourra se représenter tant que la cause subsistera.

Mais enfin les citoyens qui composent la garde nationale parisienne, n'ont-ils donc d'énergie que contre ce qu'on est convenu d'appeler les agitateurs? Pourquoi, par exemple, ne diraient-ils pas aux Ministres : « Messieurs, jusqu'à présent nous avons sacrifié notre repos
» et nos veilles, abandonné nos intérêts pour le plus cher
» de tous, celui de la tranquillité publique; nous avons
» poursuivi, traqué, battu les soi-disant Républicains.
» Nous nous sommes prêtés à toutes vos exigeances, et
» plusieurs même d'entre nous ont compromis, par un
» zèle rigoureux, l'honneur du corps. Mais ce n'est pas tout
» d'avoir servi vos projets, si vous, dépositaires du pou-
» voir, ne faites rien pour éviter le retour des désordres,
» dont la cause (soit dit entre nous) est dans la politique
» que vous suivez. Assurez-nous, par une attitude et des
» déclarations fermes, auprès de l'étranger, un avenir

» de paix ; ou, si cette paix ne peut être achetée que par
» la guerre : la guerre donc ! et plus d'incertitude, car
» c'est l'incertitude qui est l'ennemie mortelle du com-
» merce. »

Voilà quel langage devrait tenir la garde nationale,
vis-à-vis du ministère, dût-elle aussi s'exposer à s'enten-
dre dire que *la politique lui est interdite*. Il est tems de
renoncer à faire croire que les émeutes font la ruine du
commerce. Ce moyen est usé. Il faut dire maintenant
les choses comme elles sont ; et six mois de tranquillité
absolue ne feraient pas revivre les affaires si le Rhin con-
tinue à être bordé d'un triple mur de fer, si la Pologne
succombe, et si du haut des Pyrénées et des Alpes nous
continuons de voir l'étranger l'arme au bras !

Je reprends l'apologie ministérielle. On est tenté de se
demander, en voyant le Président du Conseil affirmer
que ceux qui souffrent le plus des émeutes ont été les
plus ardens à les réprimer ; on est tenté de se demander,
dis-je, si ce qu'on a vu à la Bastille n'est point un rêve,
si les embrigademens de faux ouvriers dont on a été té-
moin et victime ne sont pas une illusion ; l'assurance du
Ministre a de quoi vous confondre. Mais enfin après ce
premier moment d'étourdissement la raison vous parle
et vous dit que le ministère en impose, et que sa convic-
tion apparente n'est autre chose que de l'audace. Ces
prétendus ouvriers, qui se faisaient *justice* eux-mêmes
des agitateurs, seront, dans peu de jours, pour qui les
connaîtra, les objets d'un juste mépris, et ils subiront
les conséquences de leur stupide brutalité. Déjà d'honnêtes ouvriers ont repoussé avec indignation une dégra-
dante solidarité qui les représentait comme ayant spon-
tanément et sans aucun salaire, aidé les agens du gouvernement dans l'œuvre infâme du 14 juillet. La vérité
sera proclamée, puisque des poursuites sont dirigées à
ce sujet. En attendant, le ministère, que les preuves ac-
cableront peut-être, ne craint pas d'avancer ce qui est

en question, parce qu'il parle dans un moment solennel, sans crainte d'être démenti; il sait qu'il produira de l'effet, tandis que lorsque sa défaite sur ce point arrivera, cet événement fera peu de sensation. Voilà la bonne foi des gouvernans; voilà comment on gagne des votes.

Puisque le ministère n'a pas été assez prudent pour garder le silence spécialement sur les troubles du 14 juillet, et qu'au contraire, il revendique en faveur de son système les événemens de cette journée, je vais le suivre sur ce terrain.

Si l'on n'avait pas la preuve de la répugnance du ministère pour les conséquences de la révolution, on trouverait cette preuve dans les faits qui ont signalé le 14 juillet. Que voulait la jeunesse libérale ? célébrer le 42e anniversaire de la liberté, et planter un arbre surmonté d'un drapeau tricolore. Qu'y avait-il là de séditieux ? rien apparemment, puisque déjà, dans un grand nombre de villes, le ministère avait laissé faire; et ces cérémonies n'avaient été suivies de désordres que là où l'autorité les avait causés. Qu'arrive-t-il cependant ? Des rassemblemens de patriotes ont lieu à la Bastille, à la place du Châtelet et aux Champs-Élysées. Mais bientôt surgit du sein de la foule une troupe de misérables qui tombent comme des forcenés sur les jeunes gens qui portent un chapeau gris et une cocarde tricolore; en un instant les cocardes sont arrachées, foulées aux pieds, les chapeaux écrasés, les patriotes battus, maltraités, emprisonnés; tout cela sous les yeux de l'autorité civile et militaire. A ce révoltant spectacle j'ai vu des officiers d'état-major applaudir en s'écriant : les braves ouvriers ont bien mérité de la patrie ! Ils en avaient mérité le mépris.

Aux Champs-Elysées, la scène fut encore plus horrible; c'était une véritable boucherie.....

Tout cela, pour la plantation d'un arbre, l'anniversaire de la première révolution, un peu moins d'un an après celle de juillet.

Et pourtant le gouvernement avait à Paris cent mille hommes de garde nationale, et soixante mille hommes de troupes.

Et les planteurs d'arbres étaient douze cents.

Et le gouvernement avait peur des douze cents planteurs d'arbres. Frayeur hypocrite !

On leur faisait l'honneur de les croire redoutables, pour mettre sous les pieds toute retenue, toute pudeur.

Disons vrai : tout cela s'est fait en haine de la révolution de juillet. Les protestations d'amour pour cette révolution nous arrivent maintenant, le ministère en est prodigue, parce qu'il est en face de la Chambre ; mais c'est trop tard, il est jugé.

J'arrive à la politique étrangère.

Après avoir esssayé d'établir que le système de la paix est le *plus sûr et le plus digne*, le ministère s'écrie : « Est-ce » à-dire que la France doive vouloir la paix à tout prix » et par tous les moyens ? Non, non, Messieurs, et pour » éviter la gurre, *nous ne demandons à l'honneur de la na-* » *tion aucun sacrifice*, nous n'en demandons qu'aux pas- » sions et aux théories. »

Si le ministère pouvait être de bonne foi lorsqu'il dit n'avoir, pour conserver la paix, fait faire aucun sacrifice à l'honneur national, il serait, certes, dans un étrange aveuglement. Quoi ! lorsque l'Italie a fait sa révolution à notre exemple, vous avez proclamé hautement le système de non-intervention, et l'Autriche a couvert l'Italie de ses soldats. Le duc de Modène, qui avait refusé de re- connaître Louis-Philippe, chassé lui-même de ses états, en a marqué sa rentrée par des assassinats et des pros- criptions ; des patriotes de tous les pays envahis par l'Au- triche encombrent encore les cachots ouverts par la vengeance implacable des prêtres de Rome, et vous osez dire que vous n'avez pas compromis notre honneur national ! Votre explication du système de non interven- tion est une véritable pasquinade, une dérision insultante pour les peuples qui avaient dû compter sur la protection de la France. Vous aviez dit que le gouvernement *ne consentirait pas*, et vous n'avez pas *empêché*. L'indignation de la France et les malédictions de l'Italie vous poursuivront sans relâche, et l'histoire vous réserve de sévères pages.

« Vous parlez d'amnistie accordée aux insurgés, vous » a dit l'honorable M. Cabet ; elle est infâme cette amnis- » tie ! Pour rentrer sur le sol natal, il leur faut abjurer » leur conduite passée, et, ce qui est atroce, leurs prin- » cipes politiques ! »

Entendez-vous, Ministres d'un roi né d'une révolution, vous avez laissé faire des choses infâmes et atroces !

Le ministère réfutant les théories qui disent que les principes de notre gouvernement étant opposés à ceux des grands états du Continent, la guerre est inévitable, déduit de ce principe une conséquence exorbitante par cette réflexion : « Ainsi la liberté française ne saurait » être sauvée que par la conquête de l'univers. »

Non, la France n'est pas réduite à une extrémité impossible pour conserver sa liberté. Cela ne fait pas que la guerre puisse être évitée ; mais nous disons : si la France possédait ses limites naturelles, nous ne craindrions pas que les gouvernemens absolus qui nous entourent vinssent renverser notre liberté ; car, on aura beau se faire illusion sur les dispositions *amicales* des autres cabinets du Continent, *qui traitent depuis un an avec nous*, lorsqu'ils seront en mesure, ils nous attaqueront ; ils savent que le contact de la liberté doit, tôt ou tard, les renverser, et c'est pour eux une question de vie ou de mort. Depuis quarante ans la lutte est engagée, il faut qu'elle suive son cours, et le despotisme, même abattu, essaie encore de se relever. Voyez plutôt le roi Guillaume !

« Alors, poursuit le ministère, de vengeances en ven- » geances, de représailles en représailles, l'extermination

» de tous les peuples sous les coups d'un seul, serait
» l'unique dénouement du drame sanglant de l'his-
» toire. »

Et comptez-vous pour rien le bon sens des peuples?
Pensez-vous qu'éclairés sur leurs véritables intérêts, en-
couragés par notre exemple et par celui de la Belgique,
ils consentiront à se ruer sur une nation libre, à la volonté et sous le bon plaisir de leurs tyrans? Non : le scandale de l'invasion de l'Espagne ne se renouvellera pas!
L'Autriche seule a pu l'imiter, parce que notre jeune révolution n'avait pu encore répandre au dehors ses fruits
salutaires : l'amour de la liberté pour tout le monde, et
parce que le cabinet de Vienne avait deviné la faiblesse
du cabinet français.

Avec quelle douloureuse anxiété nous portons nos re-
gards vers la Pologne! Héroïque et malheureux pays, à
qui sa liberté a toujours été marchandée, quoiqu'il soit
le plus digne de la posséder! Nation de géans, qui
trouve dans son patriotisme assez de force pour suppléer
au nombre, et dans la justice de sa cause assez de con-
stance pour soutenir une lutte longue et inégale!

Le ministère parle de ses vœux, de sa sympathie pour
les Polonais, des moyens d'intercession qu'il a tentés par
les voies diplomatiques. Mais de quelle efficacité ont été
ces moyens d'intercession, cette sympathie et ces vœux?
Ils n'ont pas empêché le passage de la Vistule, et l'armée
russe est aux portes de Varsovie!

Ah! que la grande volonté du peuple français eût été
bien autrement puissante, s'il lui avait été permis de la
jeter entre les deux nations! Mais c'était la guerre, et la
guerre, loin de sauver la Pologne, l'aurait perdue, à
en croire les préventions du ministère.

C'est au moins fort douteux; tandis que l'impuissance
de vos vœux la perdra *à coup-sûr*.

Et pourtant la Pologne ne s'est pas livrée à ces froids

calculs lorsqu'elle a arrêté le colosse russe dans sa marche contre nous.

Mais la Pologne ne connaît pas l'égoïsme.

On dit que si nous avions envoyé une armée dans le nord, c'en était fait de la *neutralité* qu'observent d'autres puissances à l'égard des affaires de la Pologne. Nous sommes fixés sur la valeur de ce mot. La Prusse ne conserve pas plus de neutralité à l'égard de la querelle russe que vis-à-vis la Hollande, à laquelle elle a fourni assez de soldats pour que, sur dix prisonniers faits par les Belges, il se trouve huit Prussiens.

Ainsi notre isolement des affaires de la Pologne ne rachète donc aucune des chances prévues par le ministère.

Les faits accomplis laissent peu de chose à dire qui n'ait été dit vingt fois sur la Belgique. L'avenir nous apprendra si le ministère ne s'est pas trompé en assurant que la guerre contre la Hollande est la confirmation de la paix générale, et cet avenir est peu éloigné. Sur ce point, quant à présent, le gouvernement trouvera la France incrédule.

Je me résume.

La révolution de juillet pèse au cœur de nos gouvernans. Elle s'est accomplie sans eux et malgré eux. Voilà pourquoi ils s'en sont emparés, afin de l'exploiter à leur gré et selon leurs vues. Arrachée des mains patriotiques qui l'avaient faite, par les Doctrinaires qui en convoitaient le profit, ceux-ci ont entrepris la tâche de l'amoindrir, de la défigurer au point de la dépouiller de son caractère et de son nom. Ce n'a plus été pour ces messieurs une *révolution*, mais une *résistance*. Après, le système dit *juste milieu* a été créé. Une fois les principes posés, on s'est débarrassé des Patriotes, dont la popularité et les exigeances étaient gênantes, et, de chute en chute, l'administration est tombée aux mains de

M. Périer et consorts. Ceux-ci ont continué l'œuvre, et ils ont créé le système *de la paix*.

Deux partis divisent la France : l'un rêve le retour de la branche aînée des Bourbons ; il y travaille dans la Vendée, où la guerre civile est organisée.

Il occupe une grande partie des emplois ; presque toutes les fonctions publiques sont en ses mains.

L'autre, celui qui demande les conséquences de la révolution, est subdivisé par le ministère en deux branches : les Républicains et les Bonapartistes.

Ce parti est l'objet de toute la haine ministérielle ; il n'a pas d'accès aux emplois, et si parfois il se rassemble pour manifester sa sympathie pour une nation héroïque, ou pour saluer un anniversaire de liberté, il est traqué, battu, assommé et emprisonné pour la plus grande gloire du système *de la paix*.

Voilà l'état de la France un an après la révolution.

Cet état de choses durera-t-il longtems ? Tournons nos yeux vers la Chambre des Députés. D'elle dépendent nos destinées et celles d'un peuple qui s'est associé à toutes nos gloires, et qui nous convie de nous unir à la sienne.

D'un seul mot nos Représentans peuvent faire tomber ce système bâtard appelé juste milieu, flétrir une politique mesquine, étroite, injuste, égoïste, qui s'applique à refouler tous les sentimens généreux de la nation, et qui nous rend la risée de l'Europe, par le ridicule qui s'attache à ses proclamations de principes.

Alors la France, dégagée de ses entraves, reprendra parmi les nations le rang que lui a assigné la révolution de juillet.

AUG. MURAT.

IMPRIMERIE DE GOETSCHY FILS ET COMP. RUE LOUIS-LE-GRAND, N° 35.

www.ingramcontent.com/pod-product-compliance
Lightning Source LLC
Chambersburg PA
CBHW061602050726
47595CB00009B/3968